페이퍼 플라워 꽃다발

커팅 도안을 바로 뜯어서 만드는 아름다운 종이 꽃다발

페이퍼 플라워 꽃다발

프루든스 로저스 지음 | **황희경** 옮김

한스미디어

차례

들어가는 말

이 책은 여러분에게 종이꽃 플로리스트가 되는 길을 안내합니다. 그 과정에서 평면의 종이가 입체적인 꽃으로 변신하는 과정을 지켜보는 즐거움을 느낄 수 있습니다.

필요한 모든 재료는 이 책의 각 페이지에서 떼어내 쓸 수 있도록 고안했고, 여러분은 집에 있을 법한 몇 가지 기본 도구만 준비하면 됩니다. 이 책으로 꽃잎 모양 만들기부터 꽃 중심 말기, 잎 붙이기까지 기본 테크닉을 배울 수 있습니다.

이 책에는 쉽게 따라 할 수 있는 단계별 설명과 완성도 높은 꽃을 만들 수 있는 다양한 팁을 담았습니다. 원한다면 꽃잎에 컬을 넣거나 질감을 더하는 등 진짜 꽃과 꼭 닮은 디테일을 추가해 실물처럼 보이게 할 수 있습니다. 또 꽃잎과 잎을 적절한 위치에 배치해 자연스러우면서도 매력적으로 보이도록 꽃을 완성하는 방법을 익힐 수 있습니다.

완성한 꽃다발을 돋보이게 할 수 있는 조화로운 구성과 디스플레이 아이디어 또한 실었습니다. 나를 위해 만드는 꽃다발이든 특별한 날을 기념하거나 선물용 꽃다발이든, 종이 꽃다발은 꽃꽂이보다 더 오래 간직할 수 있습니다.

이 책의 페이지를 하나하나 엮으면서 즐거움을 느꼈던 만큼 여러분이 이 책을 통해 종이꽃 공예를 더욱더 탐구하게 되고, 꽃을 만들고 꽃다발로 엮은 다음 진열 또는 선물해서 나누는 기쁨까지 누릴 수 있기를 바랍니다.

지금부터 종이꽃 만들기를 함께하며 평범한 종이가 어떻게 아름다운 꽃다발로 바뀌는지 알아볼까요?

참고하면 좋은 동영상 튜토리얼을
QR 코드를 스캔해 확인해보세요

Icelandic Poppy
아이슬란드양귀비

Gerbera
거베라

Sweet Pea
스위트피

Stock
스토크

Olive
올리브

Ranunculus
라넌큘러스

Lily Grass
릴리그라스

9

Rose
'Cherry Brandy'
'체리브랜디' 장미

Dahlia
달리아

Eucalyptus
유칼립투스

Peony
'Coral Charm'
'코랄 참' 작약

Anemone
아네모네

Feverfew
화란국화

준비물

종이 꽃다발은 집에 있는 간단한 재료로 만들 수 있습니다. 맨 먼저 종이꽃에 생기를 불어넣는 데 필요한 다음의 도구들을 언제든 쓸 수 있도록 준비합니다.

얇은 원형 나무 막대

지름 4mm의 길쭉한 원형 나무 막대가 가장 좋습니다. 얇은 꼬치나 뜨개바늘 등도 추천합니다.

작은 숟가락

깊이가 있는 계량스푼이 적합하지만, 일반 티스푼도 괜찮습니다.

폼 매트

푹신한 폼 매트는 꽃잎 모양을 잡을 때 유용합니다. 일반적인 스펀지나 한두 번 접은 수건, 손바닥을 이용하기도 합니다.

고체형 풀

줄기를 만들 때 유용하며, 접착 강도가 강하면 좋습니다.

가위

작고 뾰족한 가위가 세밀하게 자르는 작업을 하기에 좋습니다.

글루건

글루건을 사용하면 작업하는 동안 접착 부분이 빠르게 굳어서 매우 편리합니다. 카드지나 종이용으로 적합한 투명 강력 접착제도 추천합니다.

기본 테크닉

아름답고 다양한 종이 꽃다발을 만드는 데 필요한 기본 테크닉을 소개합니다. 커팅 도안을 떼어내는 작업부터 꽃잎 모양 만들기, 조립과 마무리 손질까지 익히는 것이 이 여정의 출발점입니다. 그러면 종이꽃 만들기를 시작해볼까요?

커팅 도안을 잘 떼어내는 요령

표면이 깨끗한 곳에서 작업하세요. 작업대를 깨끗하게 하고 기름기나 유분이 없는지 확인해야 도안에 얼룩이 남지 않습니다.

떼어낸 도안은 잘 보관하세요. 본문의 설명을 따라 순서대로 떼어내면 각 도안이 어느 부분인지 헷갈리지 않습니다.

페이지 전체를 먼저 떼어내면 편리해요. 때로는 책에서 페이지 전체를 떼어낸 다음 부분 도안을 떼어내는 것이 더 편할 수 있습니다.

도안을 눌러 고정한 다음 떼어내세요. 평평한 표면 위에서 손가락으로 커팅 도안 자체를 눌러 고정하고 페이지를 들어 올린 다음 반대쪽으로 힘을 줘서 떼어냅니다.

상하지 않게 천천히! 커팅 도안은 천천히 떼어내야 합니다. 서두르면 찢어지거나 손상될 수 있습니다.

작은 도안은 보조 기구를 활용하세요. 작고 세밀한 도안은 손가락으로 주변을 지지한 상태로 이쑤시개와 같이 끝이 뾰족한 도구로 밀어내면서 작업합니다.

완성도 UP! 도안을 떼어낸 후 연결되어 있던 자리에 남은 부분을 다듬으면 가장자리가 깔끔해지고 또 다른 디테일을 추가할 수 있습니다.

줄기 만들기

꽃다발에 들어가는 모든 꽃의 줄기는 같은 테크닉을 사용합니다.

1 긴 변 한쪽 끝에서 끝까지 고체형 풀을 칠합니다.

2 풀칠한 쪽의 반대쪽 모서리에 나무 막대 또는 꼬치나 뜨개바늘을 놓고, 줄기 도안에 있는 안내선을 이용해 적절한 각도를 잡습니다.

3 나무 막대를 감싸며 풀칠한 쪽 끝까지 종이를 단단히 말아 모서리 맨 끝부분까지 완전히 붙었는지 확인합니다.

4 가위로 줄기의 양 끝을 일직선으로 잘라냅니다.

Tip 줄기 여분(→P.125)과 남는 직사각형 종이를 이용해 줄기를 마는 연습을 해보세요.

꽃잎 모양 만들기

모양 만들기를 통해 평면인 종이 꽃잎에 생기를 불어넣어 실물처럼 보이게 할 수 있습니다. 꽃잎 디자인은 종류에 따라 다르지만, 꽃잎 모양을 만드는 기본 테크닉은 같습니다. 이 테크닉을 익히기만 하면 이 책에서 다루는 모든 꽃에 적용할 수 있습니다.

1 각 꽃잎을 숟가락의 오목한 부분에 대고 누른 다음 실제 꽃잎과 비슷한 형태와 주름을 잡습니다. 저마다 다른 모양으로 꽃잎 하나하나의 모양을 잡을 수 있습니다.

2 전체의 모양을 잡기 위한 방법입니다. 부드러운 표면이나 손바닥 위에 도안을 올리고 숟가락 뒷면을 이용해 중심을 향해 원을 그리듯 힘을 줘서 압력을 가합니다. 그러면 꽃잎이 말려 올라가며 컵 같은 모양이 만들어집니다. 더 강한 힘으로 압력을 오래 가하면 좀 더 깊은 접시 같은 모양을 만들 수 있습니다.

3 어떤 꽃은 컵 모양을 더 명확하게 해야 할 수도 있습니다. 그러려면 숟가락 끝 또는 펜이나 붓끝의 둥근 부분을 이용해 각 꽃잎 끝부터 중심 쪽으로 강하게 힘을 줘 안쪽으로 말리게 하면 됩니다.

Tip 작업을 하다가 꽃잎에 주름이 생겨도 걱정하지 마세요. 자연스러운 모습이 만들어지는 과정의 일부이며, 이 주름은 꽃에 사실적인 느낌을 더해줍니다.

꽃잎에 컬 넣기

꽃잎에 컬을 넣으면 꽃다발에 사실적인 느낌을 더할 수 있습니다. 컬을 많이 넣든 조금 넣든 그 나름대로 보기 좋으니 디테일을 더해 작품의 완성도를 높여보기 바랍니다. 컬을 어떻게 넣을지 창의력을 발휘해 각각의 꽃에 나만의 개성을 표현해보세요.

1   엄지와 숟가락 모서리로 꽃잎 끝을 잡습니다.

2   꽃잎이 뻗은 방향을 따라 잡아당기듯 힘을 줘서 압력을 가합니다. 힘을 강하게 줄수록 컬이 커집니다. 필요하다면 이 과정을 여러 번 반복해 효과를 높일 수 있습니다. 꽃 종류에 따라 아래로 또는 위로 말리게 할 수도 있습니다.

꽃잎의 결 표현하기

꽃잎의 결을 표현하는 단계를 생략해도 꽃은 아름다워 보이지만, 이러한 약간의 디테일을 더하면 일부 꽃 종류의 질감을 더 잘 나타낼 수 있고, 사실적인 느낌을 더할 수 있습니다. 가윗날을 꽃잎에 대고 꽃잎이 뻗은 방향에 맞춰 눌러서 결을 넣으면 이 효과를 연출할 수 있습니다. 힘을 강하게 줄수록 효과는 더 뚜렷합니다.

꽃 중심 말기

좁고 긴 종이 조각을 길게 반으로 접은 다음 접힌 쪽의 가장자리를 따라 5mm 깊이로 가위집을 넣습니다. 한쪽 끝부터 종이를 단단하게 만 다음 글루건으로 고정해 코일 형태를 만듭니다. 이때 끝이 잘 붙었는지 확인합니다. 마지막으로 가위집을 넣은 쪽을 살짝 펼쳐서 꽃 중심을 완성합니다.

잎 모양 만들기

종이 꽃다발에 잎을 더하면 완성도는 더 높아집니다. 잎은 그 자체로도 멋지지만 몇 가지 디테일을 더하면 한층 멋들어집니다. 모양을 내고 디테일을 추가하는 팁과 요령을 살펴보고, 꽃과 어울리는 진짜 같은 잎을 만들어보세요.

질감 넣기   잎을 손에 들고 가윗날로 눌러 잎맥을 넣습니다. 힘을 강하게 줄수록 잎맥은 더 뚜렷해집니다.

접은 자국 만들기   잎을 길게 반으로 접어 가운데를 솟게 해 입체감을 주면 더욱 사실적으로 보입니다.

컬 넣기   잎 종류에 따라 잎끝에 컬을 넣어야 할 수도 있습니다. 먼저 엄지와 숟가락 모서리로 잎끝을 잡고 잎이 뻗은 방향으로 힘을 줘서 잡아당깁니다. 힘을 강하게 줄수록 탄탄하게 말립니다.

Tip   꽃을 어레인지먼트할 때 잎을 전부 없애는 방법도 있습니다. 작은 꽃병에 꽃을 꽂거나 빈틈없이 꽉 찬 꽃다발 또는 작은 꽃다발은 잎이 없는 편이 좋습니다.

줄기에 꽃잎 붙이기

1 꽃 중심 아랫부분에 글루건으로 접착제를 바르고, 꽃잎의 뚫린 구멍으로 줄기에 꽃잎을 밀어 넣습니다.

2 꽃잎을 접착제 바른 꽃 중심 아랫부분까지 바짝 밀어 올리고 고정합니다.

3 같은 방식으로 꽃잎을 추가하면서 앞의 꽃잎 아래에 접착제를 바르고 다음 꽃잎을 줄기에 밀어 넣습니다. 각각의 꽃잎을 엇갈리게 하면 더 자연스럽습니다.

Note 종이나 카드지에 사용하기 적합한 투명한 강력 풀을 쓰는 경우 각 단계 사이에 풀이 마를 시간이 필요합니다.

Tip 막대 크기에 따라 줄기가 두껍거나 얇을 수 있습니다. 꽃잎 중앙의 구멍이 줄기보다 너무 작으면 가위집을 살짝 내야 작업하기가 수월합니다.

줄기에 잎 붙이기

꽃잎을 단단히 붙였으면 이제 잎을 추가합니다.

1 각 잎 아래쪽의 탭에 글루건으로 접착제를 바릅니다. 이때 탭을 포함해 잎의 아랫부분까지 발라야 잘 붙습니다.

2 줄기에서 잎의 위치를 잡고 탭으로 줄기를 감싼 다음 단단히 눌러 제자리에 고정합니다.

3 잎을 신경 써서 배치하면 꽃의 모양이 보기 좋습니다. 잎을 줄기 위에 번갈아 엇갈리게 놓거나 반대쪽으로 배치하면 자연스럽습니다.

종이꽃 만들기

종이 꽃다발에 들어갈 다양한 종류의 꽃을 단계별로 설명합니다. 기본 테크닉을 활용해 아름답고 사실적으로 보이는 꽃을 만드는 데 필요한 방법을 알아보겠습니다.

거베라

1 기본 테크닉을 참고해 L로 줄기를 만들고 A를 말아서 꽃 중심을 만듭니다.

2 꽃 중심을 줄기 상단에 붙입니다.

3 B의 진한 분홍색 면을 위로 향하게 하고 얕은 컵 모양을 만듭니다. 엄지와 숟가락 모서리를 이용해 꽃잎 끝이 안쪽으로 말리게 컬을 넣습니다.

4 노란색 꽃 중심의 아랫부분에 접착제를 바르고 B를 줄기 끝까지 밀어 올려 고정합니다.

5 C와 D도 3~4단계를 반복합니다.

6 E~K는 옅은 분홍색 면을 위로 향하게 하고 가볍게 모양을 잡은 다음 꽃잎 끝이 살짝 아래로 말리게 컬을 넣습니다. 이 과정은 완성 이미지를 참고하면 도움이 됩니다.

7 M을 줄기 끝까지 밀어 올려서 꽃 아래 제자리에 붙이면 완성입니다.

라넌큘러스

1 기본 테크닉을 참고해 L로 줄기를 만듭니다.

2 A로 꽃잎 모양을 잡아 오므라진 컵 모양을 만들고 줄기 끝까지 밀어 올려서 접착제로 고정합니다. 꽃잎을 한데 오므려 에워싸듯 각 꽃잎을 서로 붙이면 통통한 꽃봉오리가 됩니다.

3 B로 2단계를 반복한 다음 A로 만든 꽃봉오리 주위에 꽃잎을 붙입니다.

4 C와 D로 꽃잎을 켜켜이 꽃봉오리에 붙여서 꽃 중심을 만듭니다.

5 E~K는 꽃잎 모양을 적당한 컵 모양으로 매만집니다. 각 꽃잎을 줄기 끝까지 밀어 올리고 접착제로 고정해 꽃을 만듭니다.

6 M을 끝부분이 아래로 말리게 컬을 넣은 다음 줄기 끝까지 밀어 올려 꽃 아래에 붙입니다.

7 잎 부분인 N과 O에 잎맥을 넣고 접은 다음 줄기에 붙여서 마무리합니다.

달리아

1 기본 테크닉을 참고해 I로 줄기를 만듭니다.

2 달리아(→P.45~49)의 자투리 종이를 둥글게 뭉쳐서 1cm 크기 종이공을 만들고 줄기에 붙입니다.

3 A 끝이 말리게 컬을 넣고 한쪽 끝을 종이공 측면에 붙인 다음 돌돌 말아가며 붙여서 꽃 중심을 만듭니다.

4 막대나 꼬치로 각 꽃잎(B~H)을 차례로 꼬집듯이 집어 오므라뜨리고 측면을 위쪽으로 말리게 매만집니다.

5 B부터 시작해 H까지 차례로 줄기 끝까지 밀어 올린 다음 각각 꽃 중심 아래 붙입니다.

6 J를 꽃 아래로 밀어 올려서 접착제로 고정합니다.

7 원한다면 잎 부분인 K와 L에 잎맥을 넣고 접은 다음 줄기에 붙여도 됩니다.

아이슬란드양귀비

1 기본 테크닉을 참고해 **G**로 줄기를 만듭니다.

2 **F**의 한쪽 가장자리에 가위집을 넣습니다. 그런 다음 한쪽 끝을 줄기 상단에 붙이고 둘레를 감싸며 돌돌 말면서 꽃 중심을 만들어 펼칩니다.

3 **I** 끝부분에 컬을 넣고 오므려서 붙인 다음 돔 모양을 만듭니다. 꽃 중심 가운데에 붙이고, 그 위에 **E**를 붙입니다.

4 **B** 꽃잎의 모양을 잡고 줄기 끝까지 밀어 올려서 꽃 중심 아래에 붙입니다. **C**로 이 과정을 반복합니다.

5 **H**로 2번째 줄기를 만듭니다. **A**의 좁은 쪽 끝을 줄기에 붙이고 줄기 둘레에 말아가며 꽃봉오리 중심을 만듭니다. **D** 꽃잎의 모양을 잡고 줄기 끝까지 밀어 올려서 꽃봉오리 밑에 붙입니다. 꽃 중심 주변으로 각각의 꽃잎을 오므려서 붙이고 꽃봉오리를 완성합니다.

6 **J** 2조각의 모양을 잡아 밑부분은 줄기에, 잎 부분은 꽃봉오리에 붙입니다. 줄기를 적당한 길이로 다듬고 아랫부분 끝을 납작하게 눌러서 본 꽃줄기에 붙입니다.

7 원한다면 잎 부분인 **K**와 **L**에 잎맥을 넣어서 접은 다음 줄기에 붙입니다.

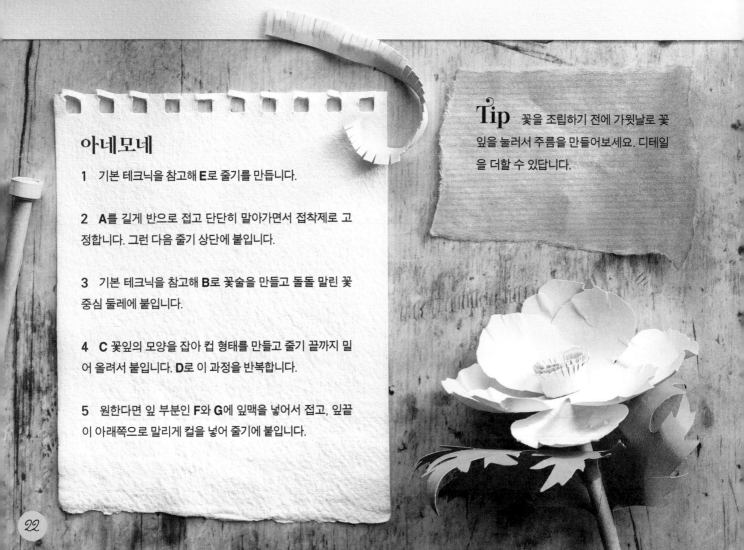

아네모네

1 기본 테크닉을 참고해 **E**로 줄기를 만듭니다.

2 **A**를 길게 반으로 접고 단단히 말아가면서 접착제로 고정합니다. 그런 다음 줄기 상단에 붙입니다.

3 기본 테크닉을 참고해 **B**로 꽃술을 만들고 돌돌 말린 꽃 중심 둘레에 붙입니다.

4 **C** 꽃잎의 모양을 잡아 컵 형태를 만들고 줄기 끝까지 밀어 올려서 붙입니다. **D**로 이 과정을 반복합니다.

5 원한다면 잎 부분인 **F**와 **G**에 잎맥을 넣어서 접고, 잎끝이 아래쪽으로 말리게 컬을 넣어 줄기에 붙입니다.

Tip 꽃을 조립하기 전에 가윗날로 꽃잎을 눌러서 주름을 만들어보세요. 디테일을 더할 수 있답니다.

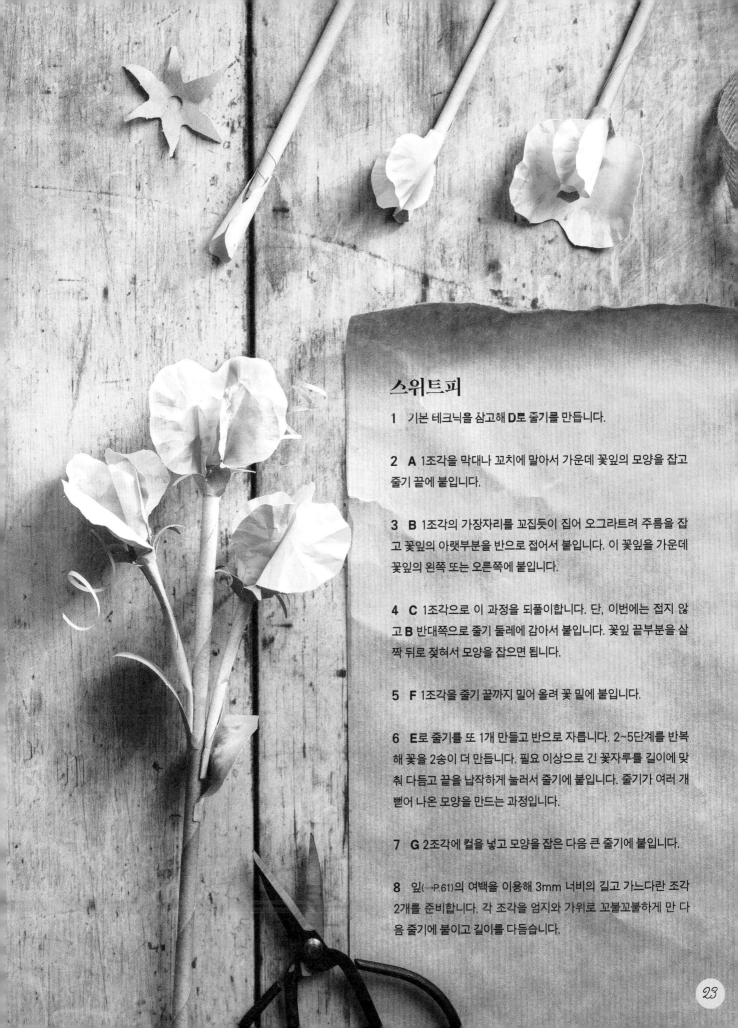

스위트피

1 기본 테크닉을 참고해 D로 줄기를 만듭니다.

2 **A** 1조각을 막대나 꼬치에 말아서 가운데 꽃잎의 모양을 잡고 줄기 끝에 붙입니다.

3 **B** 1조각의 가장자리를 꼬집듯이 집어 오그라트려 주름을 잡고 꽃잎의 아랫부분을 반으로 접어서 붙입니다. 이 꽃잎을 가운데 꽃잎의 왼쪽 또는 오른쪽에 붙입니다.

4 **C** 1조각으로 이 과정을 되풀이합니다. 단, 이번에는 접지 않고 **B** 반대쪽으로 줄기 둘레에 감아서 붙입니다. 꽃잎 끝부분을 살짝 뒤로 젖혀서 모양을 잡으면 됩니다.

5 **F** 1조각을 줄기 끝까지 밀어 올려 꽃 밑에 붙입니다.

6 **E**로 줄기를 또 1개 만들고 반으로 자릅니다. 2~5단계를 반복해 꽃을 2송이 더 만듭니다. 필요 이상으로 긴 꽃자루를 길이에 맞춰 다듬고 끝을 납작하게 눌러서 줄기에 붙입니다. 줄기가 여러 개 뻗어 나온 모양을 만드는 과정입니다.

7 **G** 2조각에 컬을 넣고 모양을 잡은 다음 큰 줄기에 붙입니다.

8 잎(→P.61)의 여백을 이용해 3mm 너비의 길고 가느다란 조각 2개를 준비합니다. 각 조각을 엄지와 가위로 꼬불꼬불하게 만 다음 줄기에 붙이고 길이를 다듬습니다.

화란국화

1 기본 테크닉을 참고해 **F**로 줄기를 만듭니다.

2 **A** 2조각을 얕은 접시 모양으로 만들고 꽃잎이 약간 엇갈리게 포개어 붙입니다.

3 **B** 1조각을 둥근 펜이나 붓끝을 이용해 돔형태로 만들고 가운데에 붙여 1송이를 완성합니다.

4 2~3단계를 반복해 15송이를 만듭니다.

5 **C** 1조각을 평평하게 놓고 각 꽃자루 끝에 꽃을 붙입니다.

6 나머지 **C** 조각으로 5단계를 반복해 꽃이 핀 꽃자루 4개를 만듭니다.

7 줄기에 꽃자루는 꽃이 줄기를 향하게 한 상태로 꽃자루 2개는 반대편 위쪽에, 2개는 아래쪽에 붙입니다.

8 각 꽃 머리를 약간 뒤로 꺾어서 바깥쪽을 향하게 합니다. 각기 다른 방향으로 꽃자루를 말리게 하거나 꼬집듯이 눌러서 다양하게 연출해보세요.

9 원한다면 **D** 2조각과 **E** 2조각에 잎맥을 넣어 접은 자국을 내고 줄기에 붙입니다.

이 과정을 반복해 2번째 화란국화 줄기를 만듭니다. 이번에는 **G**를 사용합니다.

Tip 가윗날을 이용해 각 꽃잎에 선을 눌러 넣어 디테일을 더하는 방법도 있습니다.

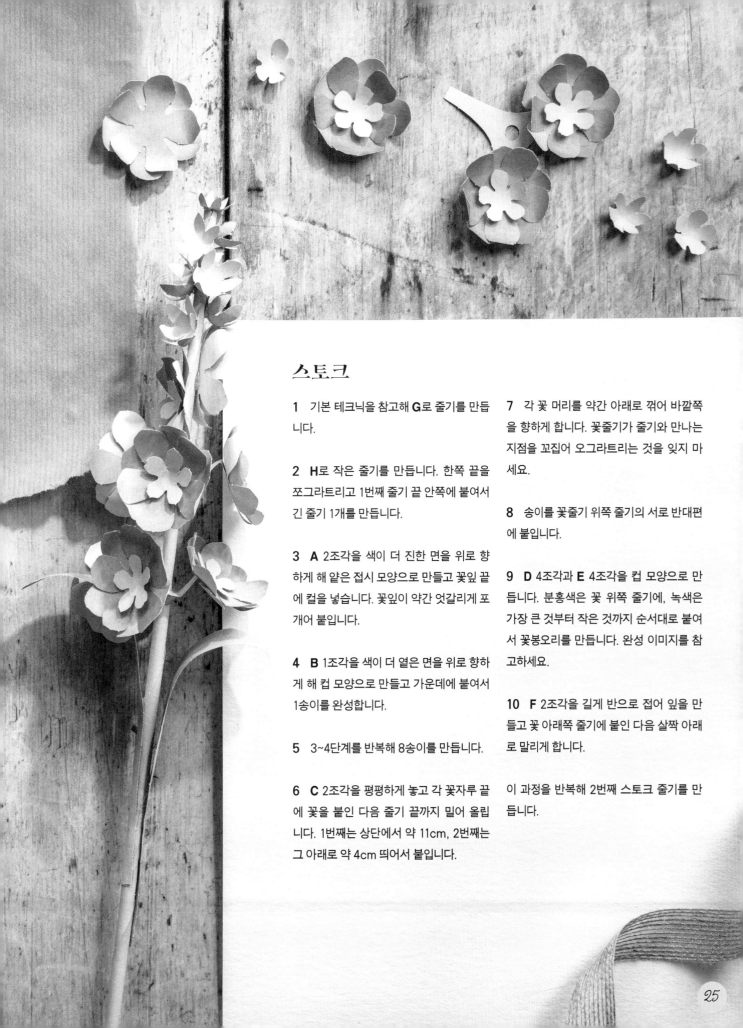

스토크

1 기본 테크닉을 참고해 **G**로 줄기를 만듭니다.

2 **H**로 작은 줄기를 만듭니다. 한쪽 끝을 쪼그라트리고 1번째 줄기 끝 안쪽에 붙여서 긴 줄기 1개를 만듭니다.

3 **A** 2조각을 색이 더 진한 면을 위로 향하게 해 얕은 접시 모양으로 만들고 꽃잎 끝에 컬을 넣습니다. 꽃잎이 약간 엇갈리게 포개어 붙입니다.

4 **B** 1조각을 색이 더 옅은 면을 위로 향하게 해 컵 모양으로 만들고 가운데에 붙여서 1송이를 완성합니다.

5 3~4단계를 반복해 8송이를 만듭니다.

6 **C** 2조각을 평평하게 놓고 각 꽃자루 끝에 꽃을 붙인 다음 줄기 끝까지 밀어 올립니다. 1번째는 상단에서 약 11cm, 2번째는 그 아래로 약 4cm 떼어서 붙입니다.

7 각 꽃 머리를 약간 아래로 꺾어 바깥쪽을 향하게 합니다. 꽃줄기가 줄기와 만나는 지점을 꼬집어 오그라트리는 것을 잊지 마세요.

8 송이를 꽃줄기 위쪽 줄기의 서로 반대편에 붙입니다.

9 **D** 4조각과 **E** 4조각을 컵 모양으로 만듭니다. 분홍색은 꽃 위쪽 줄기에, 녹색은 가장 큰 것부터 작은 것까지 순서대로 붙여서 꽃봉오리를 만듭니다. 완성 이미지를 참고하세요.

10 **F** 2조각을 길게 반으로 접어 잎을 만들고 꽃 아래쪽 줄기에 붙인 다음 살짝 아래로 말리게 합니다.

이 과정을 반복해 2번째 스토크 줄기를 만듭니다.

'체리브랜디' 장미

1 기본 테크닉을 참고해 **G**로 줄기를 만듭니다.

2 **A** 1조각의 가장자리에 컬을 넣어 안쪽으로 맙니다. 줄기 윗부분에 둥글게 말아 붙이고 꽃잎 가장자리를 서로 붙여서 꽃봉오리 중심을 만듭니다.

3 **B**의 노란색 면을 위로 향하게 해 꽃잎을 컵 모양으로 만듭니다. 끝부분이 아래로 말리게 컬을 넣고 줄기 끝까지 밀어 올려서 붙입니다. 그런 다음 각 꽃잎을 가운데 쪽으로 차례차례 붙여서 꽃봉오리 모양을 만듭니다.

4 마찬가지로 **C~E**를 사용해 꽃잎을 더 넓은 간격으로 붙여서 겹겹의 꽃잎이 점점 더 벌어지게 하면 됩니다.

5 마지막으로 **F** 1조각을 사용합니다. 단, 꽃잎을 꽃 쪽에 붙이는 게 아니라 아래로 뒤집히게 해 꽃잎이 핀 효과를 연출합니다. 완성 이미지를 참고하세요.

6 **H** 1조각의 끝에 컬을 넣어 일부는 위로, 일부는 아래로 말리게 하고 꽃 아래에 붙입니다.

7 원한다면 **I~L**에 잎맥을 넣고 접은 자국을 낸 다음 줄기에 붙입니다.

이 과정을 반복해 2번째 장미 줄기를 만듭니다.

장미 꽃봉오리

1 기본 테크닉을 참고해 **E**로 줄기를 만듭니다.

2 **A~D**로 '체리브랜디 장미'의 2~3단계를 반복합니다. 단, 꽃잎을 더 촘촘하게 붙여서 꽃망울을 만듭니다.

3 **F** 끝에 컬을 넣고 줄기 끝까지 밀어 올린 다음 꽃봉오리를 감싸면서 붙입니다. 이때 컬을 넣은 맨 끝부분은 붙이지 않습니다.

4 원한다면 **G~J**에 잎맥을 넣고 접은 자국을 낸 다음 줄기에 붙입니다.

'코랄 참' 작약

1 기본 테크닉을 참고해 N으로 줄기를 만듭니다.

2 기본 테크닉을 참고해 이번에는 L로 꽃 중심을 만듭니다. 이때 줄기 끝을 감싸서 말아가며 붙이고 펼칩니다.

3 A~D를 컵 모양으로 만들고 꽃잎 끝에 컬을 넣어 안쪽으로 말리게 합니다. A부터 순서대로 줄기 끝까지 밀어 올려 꽃 중심 아래에 붙입니다.

4 E~K의 꽃잎 모양을 컵 모양으로 만듭니다. E부터 순시대로 줄기 끝까지 밀어 올려 3단계 아래에 붙입니다.

5 M의 꽃잎 모양을 잡고 뒤집어서 전체를 완만한 컵 모양으로 만듭니다. 단, 꽃잎이 위로 말린 상태가 아니라 아래로 말리게 해 꽃 아래에 붙입니다.

6 O의 모양을 잡고 끝에 컬을 넣어 꽃 아래에 붙입니다.

7 P와 Q의 잎 부분을 반으로 접어 접은 자국을 내고 아래쪽으로 말리게 컬을 넣어 줄기에 붙입니다.

작약 꽃봉오리

1 기본 테크닉을 참고해 D로 줄기를 만듭니다.

2 A를 벌어지지 않은 오목한 컵 모양으로 만듭니다. 줄기에 붙이고 각 꽃잎을 하나씩 안쪽으로 붙여서 꽃봉오리를 만듭니다.

3 B와 C로 과정을 반복하고, 줄기에 붙입니다. 그런 다음 각 꽃잎을 엇갈리게 하면서 꽃봉오리에 붙입니다.

4 E의 모양을 잡고 끝부분이 말리게 컬을 넣습니다. 꽃봉오리 아래 줄기 끝까지 밀어 올린 다음 꽃봉오리를 둘러싸듯 올려서 붙입니다. 가는 끝부분은 바깥으로 말리게 두면 됩니다.

5 잎 부분인 F와 G를 반으로 접어 자국을 내고 아래로 말리게 컬을 넣어서 줄기에 붙입니다.

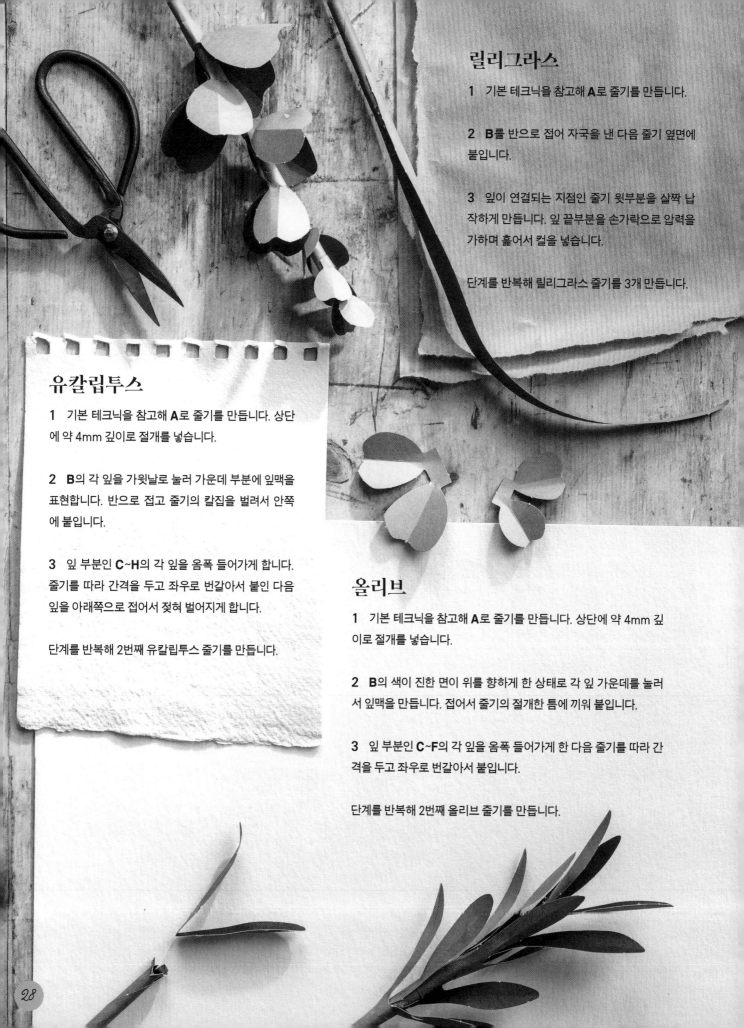

릴리그라스

1   기본 테크닉을 참고해 **A**로 줄기를 만듭니다.

2   **B**를 반으로 접어 자국을 낸 다음 줄기 옆면에 붙입니다.

3   잎이 연결되는 지점인 줄기 윗부분을 살짝 납작하게 만듭니다. 잎 끝부분을 손가락으로 압력을 가하며 훑어서 컬을 넣습니다.

단계를 반복해 릴리그라스 줄기를 3개 만듭니다.

유칼립투스

1   기본 테크닉을 참고해 **A**로 줄기를 만듭니다. 상단에 약 4mm 깊이로 절개를 넣습니다.

2   **B**의 각 잎을 가윗날로 눌러 가운데 부분에 잎맥을 표현합니다. 반으로 접고 줄기의 칼집을 벌려서 안쪽에 붙입니다.

3   잎 부분인 **C~H**의 각 잎을 옴폭 들어가게 합니다. 줄기를 따라 간격을 두고 좌우로 번갈아서 붙인 다음 잎을 아래쪽으로 접어서 젖혀 벌어지게 합니다.

단계를 반복해 2번째 유칼립투스 줄기를 만듭니다.

올리브

1   기본 테크닉을 참고해 **A**로 줄기를 만듭니다. 상단에 약 4mm 깊이로 절개를 넣습니다.

2   **B**의 색이 진한 면이 위를 향하게 한 상태로 각 잎 가운데를 눌러서 잎맥을 만듭니다. 접어서 줄기의 절개한 틈에 끼워 붙입니다.

3   잎 부분인 **C~F**의 각 잎을 옴폭 들어가게 한 다음 줄기를 따라 간격을 두고 좌우로 번갈아서 붙입니다.

단계를 반복해 2번째 올리브 줄기를 만듭니다.

종이꽃 디스플레이하기

완성한 종이 꽃다발은 여러 방법으로 디스플레이 할 수 있지만, 꽃꽂이가 대표적입니다.
풍성한 꽃다발은 목이 짧고 넓은 꽃병을, 꽃 한 줄기는 크기가 작고 입구가 좁은 꽃병을 선택하세요.

줄기 다듬기 줄기를 각기 다른 높이로 자르면 꽃다발에 입체감을 더할 수 있습니다. 앞쪽에는 짧은 꽃을, 뒤쪽에는 긴 꽃을 배치해보세요.

잎 다듬기 잎을 몇 개 떼어내면 공간에 여유가 생겨 꽃병에 꽃을 꽂았을 때 더 조화로워 보입니다.

Tip 꽃을 꽂는 동안 줄기를 제자리에 고정할 수 있도록 꽃병에 쌀이나 비슷한 재료를 채우는 것도 한 방법입니다.

핸드타이드 종이 꽃다발

손으로 종이꽃을 겹겹이 쌓아 매만지고 줄기를 교차해
꽃다발을 만듭니다. 크라프트지에 싼 다음 리본이나
꼰 실, 라피아 끈으로 묶어서 마무리합니다.

선물하기

태그 본문에 실린 태그(→P.123)를 떼어내 꽃다발에 달면 받는
사람만을 위한 멋진 선물이 됩니다.

꽃 한 송이 강한 인상과 의미를 전할 수 있는 꽃 한 송이는 태
그를 달고 리본으로 묶어서 예쁜 선물로 만들어보세요.

또 다른 아이디어 미니 꽃다발 또는 선물 포장에 꽃을 추가
하거나 식탁에 놓아보세요. 아니면 특별한 날을 위한 카드나 메
모에 넣어보는 건 어떤가요?

A

B

E

C

F

D

G

31

Gerbera
거베라

H

I

J

K

33

L

M

A

B

C

D

E

Ranunculus

라넌큘러스

F

G

H

I

J

K

L

M

N

O

A

D

B

C

E

F

G

H

Dahlia
달리아

I

J

K

L

49

A

B

C

D

E

F

G

H

I

J

J

K

L

A

C

B

D

Anemone
아네모네

E

F

G

57

A

C

B

A

C

B

A

C

B

Sweet Pea
스위트피

D   E

F

F

F

G

G

B   B   B   B   B   B   B

B   B   B   B   B   B   B   B

A   A   A   A   A

A   A   A   A   A

A   A   A   A   A

A   A   A   A   A

A   A   A   A   A

A   A   A   A   A

B   B   B   B   B   B   B

B   B   B   B   B   B   B

A   A   A   A   A

A   A   A   A   A

A   A   A   A   A

A   A   A   A   A

A   A   A   A   A

A   A   A   A   A

D

E

E

D

D

E

E

D

C

C

C

C

C   C

C   C

Feverfew
화란국화

Feverfew
화란국화

A   A   A   A

A   A   A   A

A   A   A   A

A   A   A   A

B   B   B   B   B   B   B

D   D   D

B

D

A   A   A   A

A   A   A   A

A   A   A   A

A   A   A   A

B B B B B B B

D   D   D

B

D

F

F

H

G

C

E

E

E

E

C

E

F

F

F

H

G

C

C

E

E

E

E

E

B

C

D

A

E

F

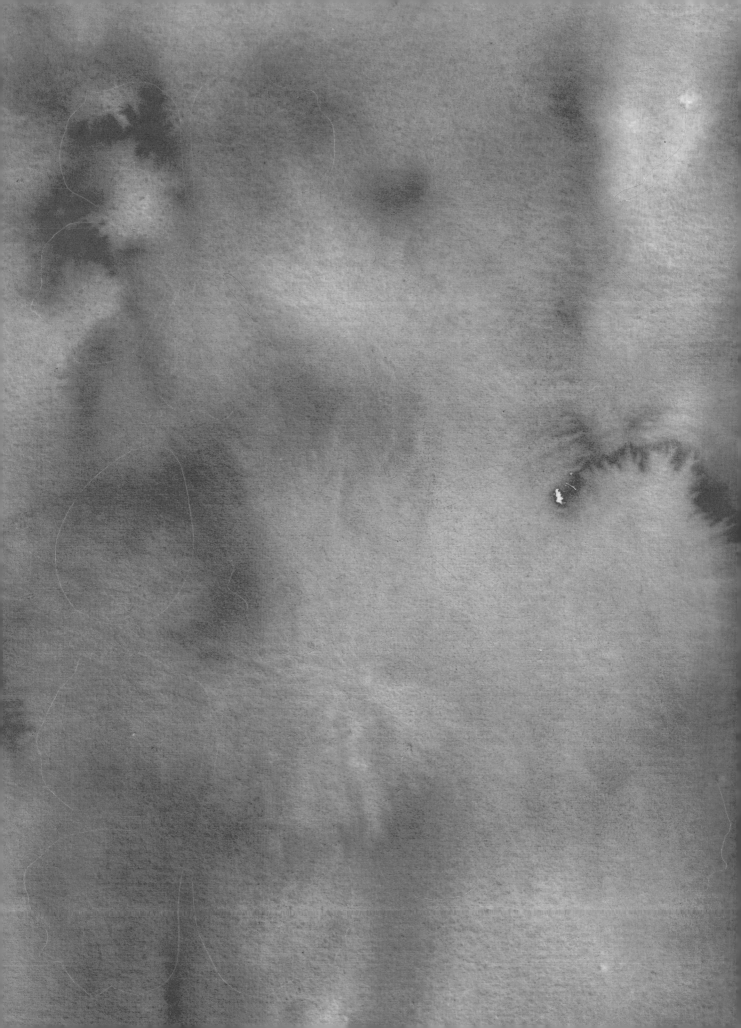

B

C

A

D

E

F

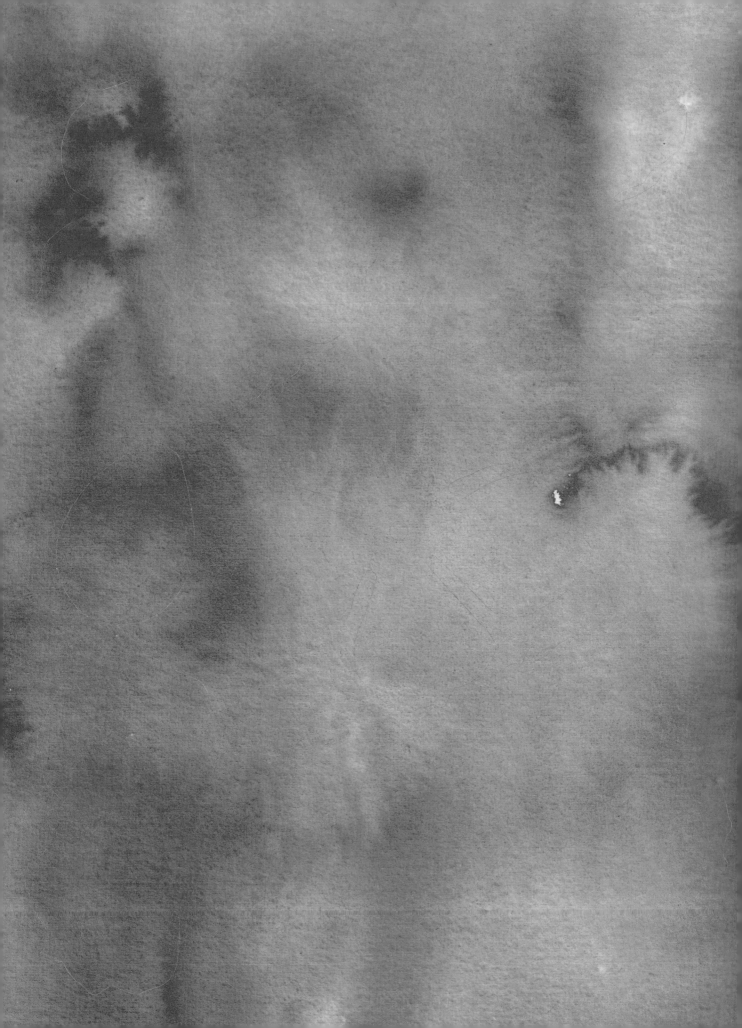

Rose 'Cherry Brandy'
'체리브랜디' 장미

G

H

I

J

K

L

G

H

I

J

K

L

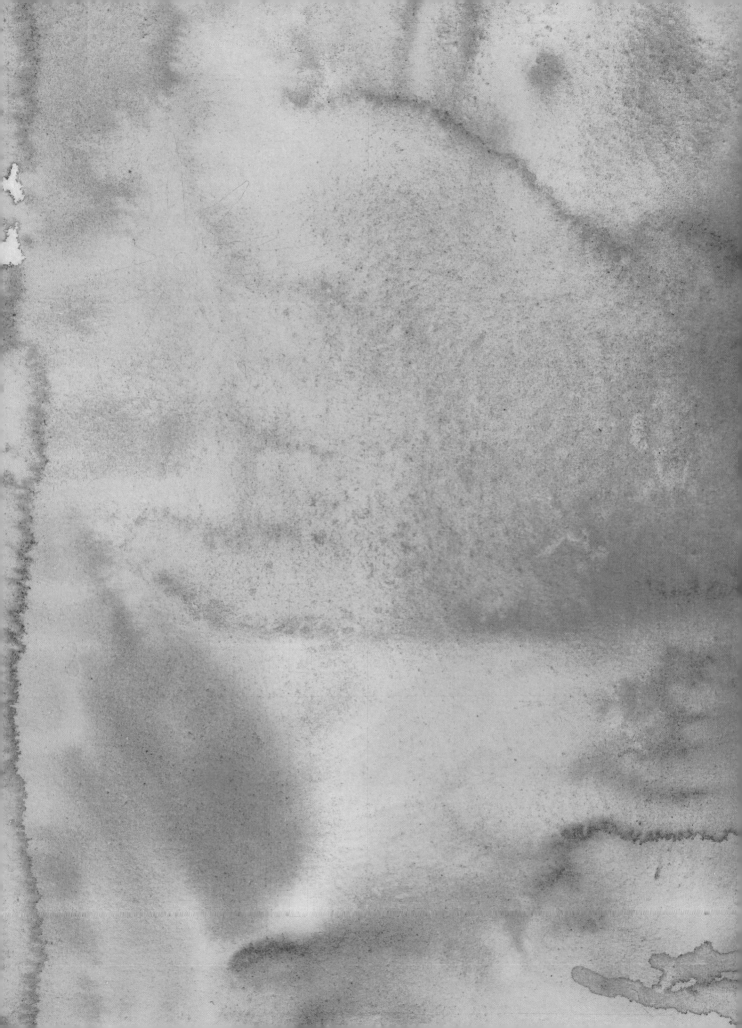

A

B

C

D

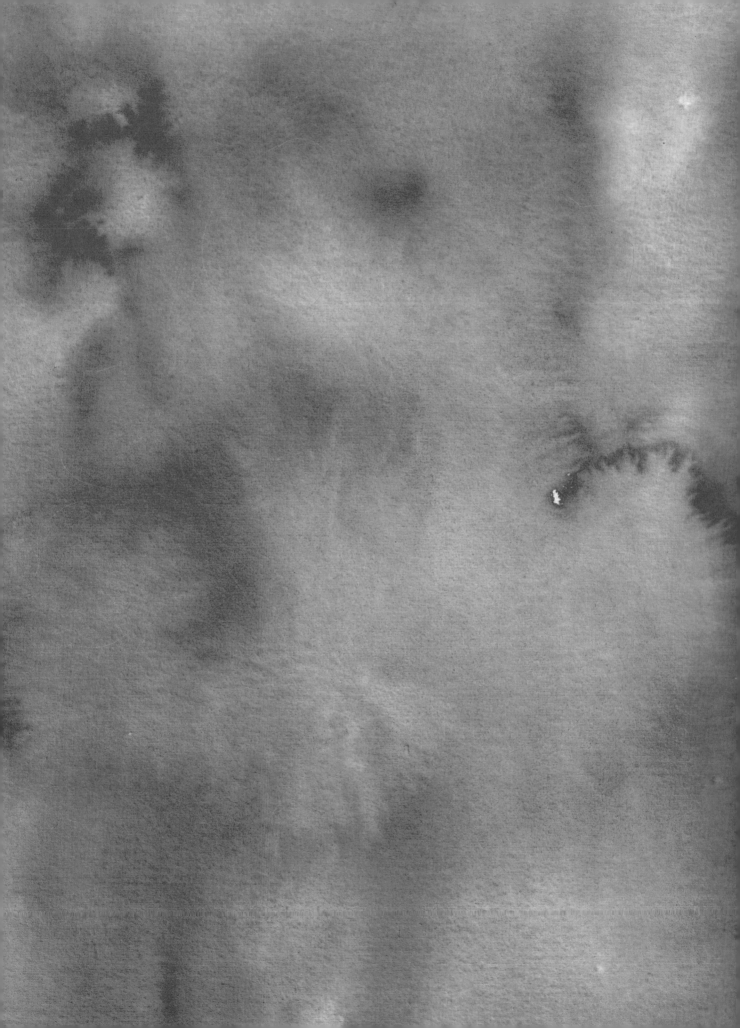

E

F

G

H

I

J

A

B

C

D

E

F

G

H

I

J

L

K

M

Peony 'Coral Charm'
'코랄 참' 작약

O

P

Q

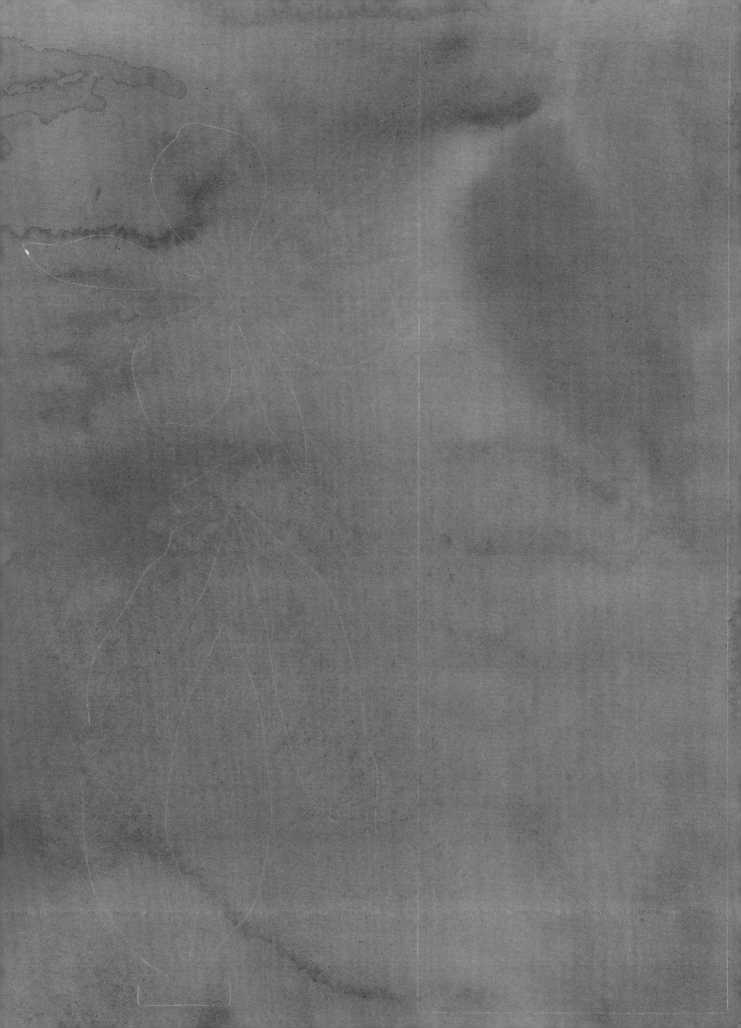

A

B

C

D

E

F

G

A

B

C

D

E

F

A

B

C

D

E

F

Eucalyptus
유칼립투스

A

B

C

D

E

F

G

H

A

B

C

D

E

F

G

H

Lily Grass
릴리그라스

A

B

117

감사의 말

이 책이 세상에 나올 수 있도록
기회를 주고, 저를 믿고 이 프로젝트를 통해
창의성을 마음껏 발휘할 수 있게 해준
리지 카예(Lizzie Kaye)와
데이비드 & 찰스(David & Charles)팀에
감사의 마음을 전합니다.
책을 만드는 내내 변함없이 도와주고
격려해주었으며, 종이꽃과 꽃잎이 집 안
구석구석을 서서히 점령하는 동안
참고 견뎌준 가족과 친구들에게도
고마운 마음을 전합니다.

지은이 프루든스 로저스 Prudence Rogers
영국 데번에서 활동하는 아티스트 , 일러스트레이터 , 디자이너 .

옮긴이 황희경
홍익대학교에서 섬유미술을 전공하고 영국 브루넬대학교에서 디자인 전략 / 혁신 과정 석사 학위를 받았다 . 의류 기업 및 컨설팅 회사에서
패션정보기획 , 트렌드 분석 리서처로 근무했다 . 현재 바른번역 소속 번역가로 활동 중이며 , 옮긴 책으로는《고객 경험 혁신을 위한 서비스
디자인 특강》,《신발로 읽는 인간의 역사》,《모노크롬》,《한정된 팔레트로 그리는 수채화》가 있다 .

페이퍼 플라워 꽃다발

1판 1쇄 인쇄 2025 년 5 월 3 일
1판 1쇄 발행 2025 년 5 월 21 일

지은이 프루든스 로저스
옮긴이 황희경
펴낸이 김기옥

실용본부장 박재성
마케터 서지운
지원 고광현 , 김형식

디자인 푸른나무디자인

펴낸곳 한스미디어 (한즈미디어 (주))
주소 121-839 서울시 마포구 양화로 11 길 13(서교동 , 강원빌딩 5 층)
전화 02-707-0337
팩스 02-707-0198
홈페이지 www.hansmedia.com
출판신고번호 제 313-2003-227 호
신고일자 2003 년 6 월 25 일

ISBN 979-11-93712-90-0 (13630)

책값은 뒤표지에 있습니다 .
잘못 만들어진 책은 구입하신 서점에서 교환해 드립니다 .

FSC
www.fsc.org

혼합
책임 있는 | 종이
산림 지원
FSC® C020056